APERÇU

ET

IDÉRATIONS GÉNÉRALES

Sur le 16 mai

PAR

Georges RACLE.

PRÉFACE

On nous objecte que notre sujet a été battu et rebattu et que nous avons tort de le reprendre encore à présent.

Nous ne partageons pas cet avis de tous points. Certes, nous reconnaissons qu'il a été sassé et resassé, mais il nous semble qu'on ne saurait trop rappeler les délits et les crimes commis envers la société par une poignée d'hommes malfaisants.

Ne faut-il pas, bien au contraire, leur infliger perpétuellement le tableau de leurs infamies?

Quel est celui qui oserait prétendre qu'il est inutile de retracer sans cesse l'histoire du coup d'Etat de 1852 pour le flétrir?

Ne tire-t-on pas toujours de nouveaux enseignements de la lecture d'une même histoire traitée par différents auteurs?

Mille écrivains ont écrit le crime de Napoléon III, mille autres l'écriront, mille autres doivent l'écrire.

Et quand aucun des nouveaux ne ferait la lumière sur certains points non éclaircis il leur resterait du moins le mérite d'être venu ajouter leurs protestations à celles des autres.

Ainsi donc nous pensons que notre petite œuvre, aussi incomplète, aussi médiocre qu'elle soit, aura son utilité et sera une nouvelle protestation contre les actes qui en sont l'objet.

C'est là notre seule ambition.

G. R.

APERÇU
ET
CONSIDÉRATIONS GÉNÉRALES
Sur le 16 Mai

Au souvenir ineffaçable de cette date odieuse nous répéterons éternellement ce que nous disions alors à nos amis : « On n'a jamais vu d'êtres humains s'abandonner à de telles aberrations ».

Ceux qui l'ont rendue si honteusement mémorable sont d'autant plus coupables qu'ils avaient conscience du mal qu'ils causaient.

Que se passait-il dans l'esprit de ces hommes ?

L'ambition, la convoitise, la soif du pouvoir, la vengeance même ne peuvent entraîner dans des entreprises aussi indignes et aussi illusoires à la fois.

Ils ne s'étaient donc pas lancés de leur propre mouvement au devant d'une défaite certaine : c'est le catholicisme périclitant qui a été conseiller et promoteur de l'acte impur dont la France a été frappée le 16 Mai 1877.

Cela devait arriver forcément vu l'état des choses et des esprits : cette sorte de fatalité, des hommes clairvoyants la pressentaient depuis quelque temps. Les inquiétudes, les doutes, les soupçons des politiques de gauche avaient leur raison d'être quoiqu'ils ne voulussent point mettre à jour ce qu'ils savaient dans la crainte de donner lieu, eux-mêmes, au conflit qu'ils cherchaient à éviter.

C'est alors qu'il fallut combattre en-dessous ceux qui conspiraient dans l'ombre.

Voici ce qui leur était arrivé aux oreilles :

Depuis plusieurs mois déjà certains projets fermentaient dans l'esprit de quelques hommes obscurs chassés sans hésitation le 4 Septembre 1870. Il se tenait tous les soirs dans des cercles censés ignorés, dans des réunions occultes, des conciliabules où régnaient des sentiments de malveillance et d'hostilité envers le gouvernement sage et modéré de M. J. Simon. Les têtes étaient très-surrexcitées ; quelques-uns de ceux qui y assistaient allèrent jusqu'à proposer de réaliser une conspiration à l'antique où les conjurés armés d'un poignard se glisseraient dans l'obscurité de la nuit auprès de leurs adversaires et leur plongeraient leur dague dans le cœur.

Cette proposition fanatique fit sourire l'assemblée bien que dans le fond elle regrettât que ce projet ne fût pas praticable de nos jours.

D'autres plus fous encore, allèrent jusqu'à penser qu'il serait aisé de miner et de faire sauter les villes après s'être prudemment retirés.

Nous pourrions citer d'autres projets plus bizarres et plus insensés, mais ce serait long et inutile. L'important est de montrer ce qui se passait et les dangers que l'on a courus à un moment donné.

Evidemment tous ces projets n'avaient pas l'ombre du bon sens, mais ils excitaient les esprits de la réaction déjà bien assez échauffés par la réussite du gouvernement républicain.

Il fallait se remuer et remuer, sinon tout était perdu pour eux. Dès lors s'établirent de longues correspondances entre Paris et Rome, et Dieu sait dans quels termes elles furent écrites.

Le mot d'ordre, bientôt fixé, courut de bouche en bouche: il faut sévir par la force, se répétait-on, c'est le seul moyen de revenir sur l'eau.

L'impulsion donnée on se mit à l'œuvre, c'est-à-dire que l'on se rapprocha insensiblement du maréchal de Mac-Mahon à qui l'on fit entendre d'abord d'onctueuses paroles, puis on émit quelques avis, les conseils suivirent et finalement on le persuada si bien qu'il commit l'énorme bévue dont quelques mois plus tard il n'est sorti que par une soumission *de mauvais aloi.*

Le 16 mai était une affaire faite; les ministres que l'on voulait étaient à leur poste, c'était tout ce qu'il fallait pour agir.

A ce moment seulement la véritable action commence.

Les projets imaginaires de conspirations romaines avaient produit l'effet désiré; ils avaient poussé à bout les réactionnaires qui eussent peut-être hésité et se fussent contentés de protester bruyamment, selon leur habitude, contre la République déjà bien établie.

Une pluie de destitutions suivit donc immédiatement l'avènement du nouveau ministère: dans la magistrature tout fut bouleversé : il fallait une justice spéciale. Si nous donnions en chiffres exacts le nombre des destitués et des disgrâciés on verrait qu'il portait sur tout le cadre à quelques exceptions près.

Ensuite parurent à l'officiel les révocations de maires, que l'on connaît; les conseils municipaux furent dissous, les instituteurs déplacés ou disgrâciés; les journaux républicains interdits, poursuivis, condamnés. Les brochures de propagande et tous les ouvrages de colportage furent l'objet d'un raffinement tout particulier d'illégalités monstrueuses que des volumes ne pouraient relater. D'ailleurs qui n'a encore présentes à la mémoire toutes ces bonnes petites anecdotes que nous pourrions mettre à l'appui de nos assertions? Avons-nous à revenir là-dessus? Non certes, et l'histoire attentive, qui ne quitte jamais son crayon, a déjà tout enregistré.

Mais poursuivons.

Quels profits les ministres du 16 Mai devaient-ils tirer de leurs actes? Aucun et c'est justice.

Les partis qu'ils représentaient sont aujourd'hui bien plus bas qu'ils ne l'étaient et moins puissants. Le service qu'ils leur rendirent nous rappelle le pavé de l'ours.

Plusieurs des leurs, mêmes, prévirent bien ce qui devait arriver mais il ne purent les détourner de la voie dans laquelle ils s'étaient engagés. Ceux-ci moins aveuglés, firent entendre vainement que prendre le pouvoir à ce moment était accepter un rôle ridicule et qu'il faudrait le déposer sous peu, ce qui serait pénible et affligeant.

Ils poursuivirent cependant leur œuvre malfaisante en dépit des démontrastions, des hommes de bon sens, de la raison et des évènements.

Dans une aussi ténébreuse affaire comment séparer la vérité? Après examen minutieux des faits, après y avoir longtemps réfléchi, nous sommes encore bien indécis à nous prononcer. Que conclure qui se rapproche le plus de la réalité? Car nous sommes convaincus qu'il est impossible de mettre le doigt exactement dessus. Ni extrême, ni moyen terme ne nous satisfont entièrement.

Le ministère du 16 mai était-il aux affaires pour son propre compte? Etait-il là pour prêter son dos à une monarchie, ou bien y était-il et pour lui et pour les autres, voilà ce que personne ne tirera jamais au clair.

Si l'on n'avait à décider qu'à l'endroit d'un seul ministre la question serait *moins difficile* mais il s'agit du ministère tout entier.

Il est évident que ce dernier était multicolore. Peut-être y avait-il autant de couleurs que d'hommes. On a même prétendu qu'à certains moments il y avait plus d'opinions que de ministres, plusieurs d'entre-eux changeant d'avis *ad libitum* et pour le besoin.

Cette diversité de vues leur fit un grand tort aux yeux même de leurs plus chauds partisans ce qui permet de se représenter ce qu'eussent été les élections générales du 14 octobre si cette dissidence n'était pas heureusement survenue juste au moment où ils avaient le plus besoin d'être unis et de s'entendre.

De ce mélange, de cette confusion d'idées, de volontés, provint une paralysie dans leurs mouvements et leurs actions dont l'effet fut d'affaiblir leur force et d'empêcher les mesures et les ordres pris contre l'opposition qui, grâce aux écrivains énergiques de la presse parisienne, se manifestait dans toute sa vigueur.

Comme au sein du ministère les uns travaillaient pour eux-mêmes, les autres pour l'empire, d'autres enfin pour le *roy*, il ne résultait rien ou peu de chose de leurs tiraillements opposés.

Il n'y avait que l'idée d'un coup d'Etat qui fût unanime dans leur esprit mais le monarque différait, chacun avait le sien. Insensés qui ne prévoyaient pas que s'ils continuaient ils seraient un jour les premiers victimes de leurs œuvres; car on le sut de tout temps jamais ministre n'a placé un roi sur le trône sans que celui-ci ne l'éloignât aussitôt en disgrâce.

Mais enfin ils avaient en tête un coup d'état et les clubs agissaient sur eux de tout leur pouvoir.

Or, pour y arriver il fallait d'abord être d'accord et ensuite s'assurer l'armée, deux choses difficiles.

Comme il était impossible de satisfaire le premier point on entra néanmoins en pourparlers avec les autorités militaires. La tâche était peu commode, il fallait corrompre l'armée entière.

Alors une multitude de tentatives furent faites, qui n'eurent pour résultat que de soulever dans sa conscience un sentiment d'horreur et d'indignation.

— Quoi ! dit-elle, nous ajouterions un carnage de plus à ceux des temps passés; nous immolerions encore nos frères pour quelques hommes inconnus, sans mérite et odieux à connaître! L'armée complice d'un aussi coupable forfait ! souillant sa main de son propre sang ou allant se faire tuer bénévolement alors qu'au contraire son devoir est de vivre et que tous ses efforts doivent tendre à relever la France de ses désastres par sa modération, par une sage discipline, l'accomplissement de ses devoirs et le maintien et le respect de la loi ! Non ! non ! ne comptez jamais sur moi.

Voilà la voix de l'armée par la bouche du major du 14e d'infanterie M. Labodère qui dit : «Je refuse de marcher, je ne veux point tremper dans un crime.»

Toutes les combinaisons, tous les plans furent donc déjoués, renversés, car l'instrument du crime n'existant plus ou plutôt n'étant plus à leur disposition il était positivement impossible de replacer quelqu'un aux Tuileries.

Que faire ? La situation était difficile.

On ne pouvait après le funeste 16 Mai dont il avait compris toute la portée, demander au Président de la République qu'il assumât la responsabilité d'une entreprise qui l'aurait à coup sûr précipité dans l'abîme. Il entendit tout ce qu'on vint lui dire refusant le plus léger appui et d'ailleurs toute participation tant morale qu'effective. Le Maréchal avait raison, car il était déjà bien assez compromis pour ne pas vouloir s'enfoncer davantage dans un chemin où il reconnaissait s'être trop légèrement aventuré.

Cependant, on le pense bien, les monarchistes malgré ce refus, continuèrent leurs sourdes menées avec plus d'énergie pour ne pas dire plus de violence. Toutes sortes d'incitations furent mises en mouvement pour provoquer la guerre civile. C'était leur dernière ressource, leur dernière espérance.

Ils devaient faire tant qu'à force de tracasseries, d'iniquités, la nation se soulèverait. Celle-ci entendit tout et supporta tout sans bouger.

L'appel général adressé à tous ceux qu'ils croyaient leurs amis, resta sans réponse. Alors il ne fut pas jusqu'à Dieu dont ils ne réclamassent la complicité : «Seigneur, s'écriaient-ils dans leur frénétique invocation, faites que nous puissions égorger ceux qui nous font ombrage.» Et Dieu qui possède le don d'ubiquité entendant partout leurs prières les exauça de la belle façon. Il les punit en permettant que peu de temps après la République s'établît définitivement.

C'était là le châtiment qu'ils meritaient. Aussi ceux qui réclamaient à cor et à cri l'*état de siége*, qui avaient un désir ardent de l'émeute, qui enfin s'étaient promis de mettre les menottes à la population, se trouvèrent bien désappointés lorsque celle-ci triomphante les jeta dehors.

A ce propos constatons que la démocratie a fait preuve d'un calme, d'une tolérance et d'une générosité que n'eussent pas montré ses ennemis si la victoire se fût tournée de leur côté.

Voilà ce que l'on peut appeler un grand progrès.

II

Continuons de montrer combien était folle l'entreprise du ministère précédent.

Sur quoi s'appuyait le gouvernement du 16 Mai? Quelles espérances pouvait-il donner qui pussent inspirer assez de confiance pour les maintenir? Pouvait-il promettre des réformes qui en fussent de véritables? non.

Celà n'empêcha pas que les politiques de ce gouvernement annoncèrent que tout allait être amélioré que des montagnes d'or allaient surgir tout à coup et que l'opulence allait régner dans toute la France. Si, ce qui nous paraît douteux, telle était leur pensée, n'est-ce pas là une formidable aberration?

Les faits en sont la preuve.

On eut la misère au lieu de la richesse, le ralentissement des affaires au lieu de leur accroissement qu'ils avaient annoncé, qu'ils avaient même promis.

Alors les journaux républicains indignés lancèrent de sévères critiques qui reçurent pour réponse une grèle d'assignations et la prison. Cette époque rappelle l'histoire de l'empire qui n'est qu'un tissu d'anecdotes semblables avec la différence cependant qu'il n'y a pas eu cette fois ci, d'effusion de sang.

Mais si ce grand malheur a été évité, c'est aux républicains seuls qu'il faut en attribuer tout l'honneur; leur modération dans cette occasion est assurément la marque d'un grand progrès et le plus bel éloge que l'on puisse en faire. N'y a-t-il pas en effet la trace d'un pas gigantesque dans cet accord unanime, accord qui est la plus rare vertu d'une nation et dont on ne cite que peu d'exemples dans l'histoire du monde?

Etablissons maintenant une comparaison entre la manière de procéder des monarchistes et celle des amis de la République.

Au premier abord il est facile de montrer l'illégalité des uns et l'honnêteté des autres.

Aussitôt après l'ouverture de la période électorale du 14 octobre les partis réactionnaires battent la campagne répandant sur leur chemin de fausses nouvelles, des histoires mensongères, des calomnies sans nombre, adressées tantôt aux chefs de la gauche, tantôt aux citoyens manifestant leurs légitimes mécontentements.

Les erreurs les plus dangereuses sont propagées parmi les honnêtes habitants de la campagne toujours dupes de leur bonne foi.

Que de brochures n'avons-nous pas lues, insinuant que le gouvernement démocratique serait cause de troubles, de conflits qui entraveraient toutes les affaires de la patrie? Que d'hommes n'avons-nous pas entendu prononcer des discours de bourgade en bourgade cherchant à convaincre la masse populaire de la nécessité d'une restauration monarchique?

Les uns disaient : Seule la Monarchie Constitutionnelle peut assurer à la France le bien-être et la tranquillité dont elle a tant besoin ; seule elle peut relever le crédit, inspirer la confiance des citoyens et de l'étranger; seule par sa forme *et ses principes* elle se rapproche de la Constitution de 89 et peut procurer et répandre les bienfaits de la liberté. Peuple, tendez-lui la main et par un vote éclatant confondez tous les autres partis dont les idées, les aspirations sont incompatibles avec les besoins de la nation. Le roi en remerciement vous partagera avec équité les richesses de la France. En le nommant vous bannirez la misère qui pèse depuis tant de siècles sur la masse laborieuse digne d'un sort meilleur.

D'autres s'écriaient : votez pour nous, Dieu vous protège, que pouvez-vous attendre de l'effervescence démocratique. C'est un gaz qui fait de grands efforts, mais abandonné à lui-même, il s'échappe et s'envole dans les nues.

Insensés qui croient que le peuple comme autrefois se laisse persuader par de telles impostures.

Le parti de *l'ordre*, lui, ayant le désordre pour principe, le parti représentant le régime le moins possible, mais le plus arrogant et le plus prétentieux prononçait dans tous les villages des harangues véhémentes contre tous ceux qui avaient l'audace de prendre la parole pour les combattre en faveur de la République.

Les Bonapartistes vociféraient à la foule leurs théories, leurs systèmes dont tout le monde connaît la valeur. Plusieurs d'entre eux, furieux de voir qu'ils soulevaient dans leurs assemblées de significatives hilarités, allèrent jusqu'à se jeter sur les électeurs, à l'instar des brigands de grand chemin en s'écriant: «l'Empire ou la mort.»

Nous croyons fermement que dans cette affreuse alternative beaucoup eussent préféré la mort.

Ce que nous venons d'avancer ci-dessus, peut paraître exagéré. Nous citerons donc un fait — *unus omnium*, — mais décisif. Nous voulons parler non pas d'une simple menace, mais d'un assassinat. Ainsi en prouvant *le plus* on croira facilement *le moins*.

Au mois d'octobre dernier le nommé Lecas signataire du manifeste Amigues brisait le crâne à un de ses adversaires à l'aide d'un casse-tête. La mort s'ensuivit et les funérailles de ce mal-

heureux eurent lieu à *Solesmes* au milieu d'une nombreuse afflu-
ence de monde. Un des amis de l'infortunée victime de son dé-
vouement à la grande cause, prononça de simples, mais expres-
sives paroles : Adieu, dit-il, tu es mort pour la République, ton
souvenir sera gravé dans nos cœurs.

Voilà pour leurs actes.

Il y a encore à ajouter à leur dossier toutes les injures, toutes les invectives lancées contre des hommes jouissant de la
plus haute estime, des hommes d'un talent et d'un mérite incon-
testables comme Thiers par exemple, admiré de l'univers entier.

Un fragment que nous allons mettre sous les yeux du lecteur
sera plus éloquent que tout ce que nous pourrions dire.

Ce morceau est une élucubration de l'énergumène Cassagnac.

Ecoutez le Pygmée osant parler du Géant :

«Mais que s'imagine-t-il donc ce vieillard fini, cassé, que le
rhume guette, que le chaud dispute au froid et qui peut et
doit tomber au premier souffle du vent avec les feuilles jaunies
de nos bois.»

Après la lecture d'une aussi abominable insanité, nous nous
passerons de tout commentaire et nous nous contenterons de
dire : Jugez.

En ajoutant maintenant les fraudes électorales que les invali-
dations non encore terminées prouvent chaque jour, nous aurons
la valeur réelle des partisans du IVe Bonaparte.

Passons à présent aux sans-culottes.

Comment effectuaient-ils leur propagande ? C'est ce que nous
allons voir.

Constatons d'abord deux choses qui n'ont pas peu contribué
à leur victoire : la *modération* et *l'accord* dans tous leurs actes.
En effet la modération dont ils font preuve est la cause de leur
succès en même temps que la marque d'un immense progrès de
l'esprit humain.

On a pu leur reprocher autrefois de s'exalter facilement, aujourd'hui ce sont des hommes pacifiques, calmes et raisonnables,
ce qui n'est pas le plus mince éloge qu'on en puisse faire.

Leur unanimité à certains moments, est aussi la trace d'un
pas en avant très-considérable : Comprenant que l'entente est
la première notion de tout parti, de toute action et la vertu la
plus nécessaire à un peuple en même temps que la plus rare,
ils se sont resserrés, unis, identifiés, quand il a fallu porter de
grands coups.

Sous ce rapport ils se sont montrés dignes de leurs ancêtres :
— *les Romains.*

Dans la dernière période électorale la propagande des amis de
la République, qui se faisait sur tous les points de la France
resta en dépit de tout, entraves, obstacles et provocations, dans
la stricte légalité. Aussi nous mettons au défi de prouver que
l'on ait eu à relever le moindre grief contre ceux qui ont tenu
à honneur d'être les agents d'un parti injustement qualifié de
révolutionnaire, de radical et de sanguinaire.

Les avocats et les défenseurs de la liberté, répandus, autant qu'il leur fut permis, prêchaient loyalement la sagesse, la modération, la tolérance, la légalité et la paix. Faisant jaillir la lumière sur tous les points obscurs ils démontraient à leurs nombreux auditeurs que la marche progressive de la Société est nécessairement la condamnation des anciens régimes et que chercher à les rétablir est un crime. Ils expliquaient et mettaient à découvert l'incompatibilité des principes autoritaires absolus avec les mœurs, les exigences et l'esprit actuel ; ils faisaient entendre, ce qu'avaient compris bien avant nous les anciens, qu'une République avec des défauts est toujours préférable à la monarchie la moins imparfaite, car, fatigué de l'une, le peuple souverain maître peut toujours dire : assez; tandis qu'il subit forcément le joug de l'autre sans pouvoir le secouer, obligé de se contenir dans un mutisme, d'où il ne sortirait qu'au détriment du peu de liberté qu'elle lui accorde.

La franchise, la loyauté, ont donc, comme on le voit, présidé aux manœuvres électorales de la gauche; jamais de traîtrise dans ce camp, point de menées sournoises et hypocrites : tout au grand jour, la tête haute au contrôle de tout le monde. N'est-ce pas assez de vertu pour conquérir à la République la formidable majorité de suffrages qu'elle a obtenus ?

A l'époque même de ces tristes affaires nous écrivions à quelques-uns de nos amis de la campagne nos impressions du moment et nous en profitions pour leur envoyer nos faibles exhortations afin de les faire bien voter.

Un extrait de cette correspondance montrera ce que disait le parti de la réaction, et ce que nous disions, d'où il sera facile de tirer la conclusion, où nous voulons amener tous les hommes de bon sens, à savoir que le parti de la République est le seul honnête, loyal sous le drapeau duquel il faut que tout le monde se rallie.

Voici donc ce que nous écrivions :

Quand la nation aura répondu à mon appel la Constitution fonctionnera sans entraves, vient de dire le Président de la République, dans sa réponse au maire de Bordeaux.

A peine la nation aura-t-elle donné sa réponse, c'est-à-dire dès qu'elle aura renvoyé à la Chambre les 363 parangons de républicalisme il est évident que notre constitution fonctionnera sans entraves, car de deux choses l'une : ou le Président gouvernera avec la majorité et désavouera son ministère, ou il donnera sa démission.

Une cruelle logique démontre que dans les deux cas la constitution libre de tout obstacle suivra son cours naturel.

Dans le second cas il s'agira d'élire un nouveau Président chose grave, mais pas si difficile que le prétendent nos adversaires.

Ces derniers s'imaginent que si M. de Mac-Mahon se retirait nous serions embarrassés de trouver, dans nos rangs, un Président; laissons-les se repaître de cette profonde erreur.

Ils allèguent que M. Thiers, dont la mort inattendue vient de causer un deuil dans tous les cœurs français, était le seul capable de prendre la tête des affaires et que, n'étant plus là, notre cause est tout à fait perdue.

Ceci est une autre erreur qui vient s'ajouter à la première.

M. Thiers n'était pas le seul, il était le plus éminent au milieu d'une pléïade d'hommes d'Etat parmi lesquels on peut choisir les yeux fermés.

Encore une fois notre grand parti ne tient pas à un seul homme comme leur monarchie et leur Empire. M. Thiers mort, un républicain est mort, mais le républicanisme subsiste. Quand un des nôtres manque, mille autres sont là.

Si Thiers n'est plus, ses doctrines ne lui survivent-elles pas?

Elles sont heureusement impérissables et demeurent dans notre esprit; nous les suivrons donc après sa mort comme nous les suivions durant sa vie. Il a dit: «La victoire sera aux plus sages.» Et nous l'avons écouté. Aussi notre récompense n'est pas loin. Le triomphe des idées libérales est proche. Le grand *résultat* de notre résolution, de notre fermeté dans la modération sagement combinée avec la pensée, la volonté et l'action commence à se faire fortement pressentir.

Cependant quelques personnes semblent encore douter de l'établissement définitif de la République et nous objectent dans leur crainte que, «si le ministère de Broglie-Fourtou arrive à sophistiquer le suffrage universel de manière à former une majorité monarchique le pays sera reporté de nouveau en arrière aux temps qui ont précédé 89, et cette fois pour longtemps.

Hâtons-nous de dire que même dans le cas improbable de ce succès leur séjour ne pourrait être de longue durée par la seule considération du développement intellectuel de la nation dont l'incompatibilité avec les anciens préjugés serait une cause d'opposition énergique et toujours croissante qui amènerait sous peu leur chûte définitive.

Il ne faut donc plus redouter la domination d'un *royaume* ou d'un *empire* : le temps des seigneurs et des vassaux est enseveli à jamais dans la nuit éternelle.

Quelques-uns vont même jusqu'à craindre que le maréchal se fasse complice d'une restauration contre laquelle nous serions impuissants.

Ce serait alors la réapparition des anciens priviléges et immunités dont on se souvient; ce serait l'abaissement de la nation; la servitude, le régime du Césarisme; la poigne l'iniquité, les lois arbitraires; la suppression de l'enseignement, les corvées, la dîme, les champarts; la religion sans foi maîtresse souveraine, les mœurs dissolues, la prostititution autorisée, estampillée, favorisée.

Tout cela n'est pas possible aujourd'hui.

Peut-on croire à un retour pareil avec les idées de la nouvelle génération?

D'ailleurs le maréchal ne traînera pas dans la fange sa dignité, sa loyauté, son honneur; il ne voudra pas souiller sa conscience d'une pareille infâmie ; car rouvrir de son sabre de gloire la plaie sociale à peine cicatrisée serait une action infâme.

On ne sacrifie pas une réputation comme la sienne pour se faire de gaîté de cœur le suppôt de quelques gens dont l'honnêteté est suspecte et qui n'obéissent qu'à de cupides appétits.

De ce côté nous pouvons être tranquilles le chef de l'Etat est un homme de parole qui ne portera aucune atteinte à la constitution, comme il l'a dit, et qui saura racheter la faute que lui ont fait faire quelques ducs ambitieux, en gouvernant avec la majorité.

Du reste, le Président dont le pouvoir a pour terme légal le 29 Octobre 1880 tient, personne ne l'ignore, à rester jusqu'au bout de son septennat ; donc pour y demeurer il devra se soumettre à la condition susdite, de se tourner vers la gauche.

A la coalition qui tente, malgré tout, un dernier mais impuissant effort, nous dirons donc :

Royalistes ! la royauté est morte et nul de vous n'a le don de la ressusciter.

Impérialistes ! l'Empire est comme une plante exotique qui a pris racine par aventure dans un terrain autre que le sien mais qui arrachée et flétrie, ne peut plus reprendre dans ce terrain.

Vous aurez beau vous liguer, faire de la propagande à outrance, par paroles et par écrits rien ne peut aujourd'hui empêcher l'établissement de la République, seul gouvernement qui convient à un pays de travail et de progrès. D'ailleurs Thiers l'a dit nous pouvons bien le répéter.

Vous aurez beau lancer vos brochures, elles ne seront même pas ouvertes. Quand vous feriez circuler encore plus de milliers de phothographies de descendants de rois ou du petit prince les populations jetteront au feu les images de ceux qui voudraient en faire leurs esclaves et surtout celle du rejeton de celui dont le nom est tracé en lettres rouges dans les annales de l'histoire.

Vous, gens de la campagne quand un agent officieux viendra vous dire : «l'Empire c'est la paix» vous saurez répondre montrant votre bulletin de vote : *«la République c'est le travail, voilà la véritable paix.»*

Quand on vous demandera de crier : «vive le roi» vous ne craindrez pas de répondre : «vive la souveraineté nationale, vive le suffrage universel ! »

Quiconque se souvient de la période de 1852 à 1870 et connaît les nécessités présentes votera sans hésiter pour la République, libre, libérale et progressive.

Donc la question la plus importante pour le moment est la réélection de 363 députés qui ont protesté contre l'acte légal, mais violent, qu'il est convenu d'appeler le 16 mai tout court pour ne pas le qualifier d'une autre épithète. Les candidats *officiels* que l'on opposera aux candidats républicains ne nous effrayent pas plus qu'ils ne nous inquiètent. Notre victoire sera d'ailleurs d'autant plus éclatante que l'on aura eu plus de difficultés à vaincre, et que la chute de nos adversaires sera plus grande.

Nous engagerons seulement les électeurs qui voteront pour d'autres candidats républicains que les 363 à se bien informer sur le compte de leurs mandataires afin de ne pas aller au scrutin sur de simples professions de foi plus ou moins véridiques.

Nos ennemis les plus redoutables en ce moment sont les faux républicains qui font profession de libéralisme pour ne cacher sous un masque trompeur rien moins que des « *Paul de Cassagnac.* »

Nous sommes très-exposés à être trompés par une foule d'intrigants, de charlatans, résolus à tout faire pour être nommés députés; c'est pourquoi nous recommandons aux commettants de se tenir sur leurs gardes et de ne jeter leur bulletin dans l'urne qu'après avoir bien examiné, jugé et pesé le bagage politique de ceux qu'ils enverront à la Chambre.

En résumé pas de votes au hazard et en aveugles, ce qui se pratiquait beaucoup dans les campagnes avant que l'on pût répandre l'instruction politique qui manquait totalement.

Telles étaient nos paroles et celles de bien d'autres. Si nous les répétons ici c'est que nous espérons que dans l'avenir elles pourront être utiles chaque fois qu'il y aura de nouvelles élections.

En outre nous pouvons les adresser dès aujourd'hui, en partie, à ceux qui ont à élire des conseillers municipaux lesquels à leur tour ont à choisir des délégués appelés à voter aux élections sénatoriales dont la date n'est plus très-éloignée.

Puisque le but vers lequel on doit tendre est de transporter la majorité sénatoriale à gauche, il est nécessaire que les délégués soient républicains; or ils ne le seront qu'à condition que les conseils municipaux le seront eux-mêmes. En conséquence tout dépend des électeurs qui devront porter la plus grande attention dans leurs votes.

On a pu s'étonner, dans le courant de cette petite étude, de notre mutisme à l'endroit du clergé. Ce n'est pas que nous n'ayons rien à relever sur son compte, nous pourrions au contraire, si nous le voulions, compiler un gros volume d'anecdotes qui ne manqueraient pas d'être curieuses et édifiantes, mais cela constituerait un long travail dont on ne retirerait rien pour la morale et dont l'utilité, quoique réelle, ne se fait pas sentir ici.

Nous n'entrerons donc que dans quelques considérations générales que nous avons séparées de notre sujet comme nous aimerions voir le clergé séparé de l'Etat.

Oui, Rome qui est sur la sellette est une grande coupable, coupable d'avoir toujours été la promotrice du bouleversement de la France ainsi que d'une grande partie de l'univers. Dernièrement encore sans son impulsion les partis eussent peut-être abandonné la partie, et la République n'étant plus gênée dans ses mouvements serait plus solidement établie de sorte qu'aujourd'hui la nation jouirait de nouvelles lois, d un besoin pressant, qui sont encore à l'état de projet.

Que s'imagine l'Eglise, cette vieille *cassée et finie?*

Pense-t-elle faire reculer le monde dont la marche progressive est en avant? Ce qu'elle a fait et ce qu'elle tente encore n'est-ce pas s'acharner après l'impossible et serons-nous donc toujours obligés de répéter que le progrès, ce torrent qui va sans cesse grossissant ne rebrousse jamais en arrière?

Le catholicisme n'a plus de raison d'être, tout le prouve, cependant il ne veut pas se rendre à l'évidence et continue de poursuivre son œuvre devenue nuisible à la société.

A sa place nous aurions plus de franchise.

Si, par exemple, on nous démontrait d'une façon aussi évidente, l'impossibilité du nouveau gouvernement de la France, que l'on prouve l'inutilité de la religion à notre époque et qu'elle ne peut subsister encore longtemps, nous nous inclinerions sans hésiter et abdiquant d'un mouvement unanime toutes nos idées passées nous nous écrierions : vive le roi ! vive l'empereur ! vive le pape !

Mais le clergé, lui, est entêté. S'il ne s'agissait que de dogme il avouerait son erreur, mais il y a la question de temporel qui le rattache à la vie.

La doctrine ! on sait quel cas il en fait, témoin ses dérogations journalières. Le temporel, les biens palpables, c'est tout différent.

Bien qu'il se soit senti atteint au cœur en même temps que les partis monarchiques par les élections générales du 14 octobre, il cherche dans son agonie à se relever et fait tous ses efforts pour ne pas mourir.

Montesquieu n'accordait plus que 500 ans au catholicisme. Sans nous poser en prophète nous estimons qu'il n'atteindra pas cette vieillesse, du moins sans entrer dans le coma final.

Ainsi-soit-il.

Pour terminer jetons rapidement un coup d'œil sur la situation de la France depuis bientôt six mois.

Nous constatons d'abord que les ministres aussitôt investis de leurs pouvoirs se sont mis à l'œuvre avec cœur et âme comme de sages libéraux qu'ils sont. Comme le soldat qui ne connaît que sa consigne, ils ne connaissent que la loi qu'ils font appliquer et respecter dans toutes les occasions.

Il ne faut pas se plaindre d'un peu de lenteur de leur part, car la lenteur chez des hommes comme eux, c'est la réflexion, le jugement mûri, qui amènent toujours à d'efficaces déterminations.

Tout jusqu'à leur avènement tendait à abaisser, à amoindrir la condition sociale ; tout depuis leur venue tend à l'accroître.

Sous le ministère du 16 mai et à cause de lui les affaires s'étaient tellement ralenties que les notables commerçants de

Paris dûrent envoyer plusieurs adresses et plusieurs délégations au Président de la République l'adjurant de mettre fin à la crise qui prenait de jour en jour des proportions effrayantes.

Enfin le 13 décembre un appaisement a succédé à la surexcitation des esprits et aux angoisses des commerçants, et depuis la tranquillité règne partout.

Depuis lors la justice apparaît dans tout ce que fait le ministère : décrets, arrêtés, nominations, etc., tout est empreint de la plus grande équité.

A chaque séance de la Chambre nous remarquons avec satisfaction les nombreux projets de lois qui y sont déposés dans le but d'améliorer toutes les branches de notre grande administration. Plusieurs lois d'une valeur importante ont déjà été votées.

Parlerons-nous aussi d'un grand triomphe : l'*Exposition Universelle?* menée à bonne fin par la louable opiniâtreté de M. Krantz, sénateur. Les faits et les résultats placés sous les yeux de l'univers entier suffisent à prouver ce que la meilleure logique aidée de la meilleure plume ne montreraient pas mieux.

Tous ces succès sont dus à l'harmonie qui existe entre tous les pouvoirs et tous les citoyens de la République, qui, cette fois-ci, ont eu, en tout et pour tout, la raison pour inspiratrice et pour guide.

Le travail, les réformes, la justice, ont été leurs uniques et bons moyens.

Donc, tout bien considéré, et les travaux des ministres et leurs projets, nous envisageons l'avenir avec confiance, certains que maintenant la République est solidement assise, qu'elle est à l'abri de ses ennemis et que tous les efforts que l'on tentera pour la renverser seront désormais inutiles.

Le suffrage universel sur lequel elle repose est inattaquable et l'ère des coups d'État s'est évanouie dans la profondeur du passé.

Dieu en soit loué ! Le peuple tracassé, traqué, opprimé, a enfin conquis sa liberté, sa tranquillité et sa souveraineté. La République lui coûte cher, il est vrai, dix-huit siècles de déchirements et de tortures ! mais à quelque prix que ce soit, il ne s'en plaint pas et se trouve satisfait de pouvoir écrire aujourd'hui le nom de sa métropole à côté d'ATHÈNES et de RHODES, les villes libres par excellence.

FIN

Paris-Batignolles — Typographie RINUY, rue Davy, 41